JN418847

파티에 못 간
신데렐라

파티에 못 간
신데렐라
황영경 쓰고 양혜리 찍음
M&K

CONTENTS

유통기한이 지나버린 통조림을 땄다. 너무 오래 갇힌 말들을 불러냈다. 발효되지 못한 시어들이 날것으로 튀어나왔다. 혹은 너무 삭은 메타포들이 축포처럼 터져 나왔다. 반성문을 열 장도 넘게 써야 했다.

주홍빛 섬광의 오로라는 아직 출현하지 않았으므로 희망을 방치하지 말라는 거짓 전언 같은 시들을 꾸겨버린다.

유리구두를 담보로 맨발의 디바가 되어서 밤새 기꺼이 춤추던 그 많은 신데렐라들은 다 어디에서 낮잠을 자고 있는 걸까. 그분이 곧 오실 것이라는 메아리 같은 메시아만 반복되는 CD 플레이어는 이제 잠시 꺼두고 산책을 나가야겠다.

날개옷을 되돌려 받는다 해도 그런 올드 패션으로는 날아갈 수가 없어요…. 저녁의 거리에서 서성이는 이십일 세기의 선녀들, 그녀들에게 가만히 다가가 다시 쓴 초대장을 건네 본다.

소녀
네가 마흔 살이 되는 날
나는 네 소녀가 되어 있겠지.

수선화

지상으로 내려오다가
나뭇가지에 딱 걸린

아무나 받아쓸 수 없는
요절한 시인의 언어들.

넝쿨장미의 입술은 너무 독해

그녀의 낡은 구두를 벗긴다

미안한 계절

오늘 밤은 나를 사가세요
공터에서 서성대는 늙은 창녀의 눈빛처럼
유월은 너무 미안하다
뜨겁게 살지 못해 지은 죄도 별로 없다
열망을 품어보았자 민망할 뿐이다
물러서거나 다가서거나
선택 같은 건 없다

넝쿨장미의 입술은 너무 독해
그녀의 낡은 구두를 벗긴다.

인도로 가는 길

1

지독한 몸살이었다
금붕어가 되었다가 낙엽이 되었다가
일곱 빛 몽환을 들락거렸다
어항 속에 잠겨서 해열 진통제의 약효와
무기력 증세의 역학관계를,
일종의 생체실험이었다, 숨을 쉬는 것도
지독한 처방이었다
죽은 금붕어는 초록빛 화염에 쌓여
펄럭펄럭 나부끼며 가는데
때 이른 낙엽이 외곽으로 떨어진다.

2

눈을 감으면 열리는 눈 밖의 세상
피안으로 가는 길은 이제 종합병원 통로보다
더 원활한 소통이다
유행도 들불처럼 사위어가는가 하면
또 전염병처럼 급습하여
인도행 티켓은 늘 불티가 난다
면죄부라도 되는지……
조심 해야지, 조심 해야지
몸을 사리는 일 또한 득도의 한 방법일 게다.

장마엽서

머리맡 갓등 아래 밤마다 모여들던 나방이가 며칠째
통 보이질 안습니다. 답장 없는 연서처럼 바작바작 타들어가는
소금밭 가슴 속 맨 아랫서랍을 열고 당신이 켜던 라이터를 찾을 때
게으른 우체부처럼 완만한 포물선을 그으며 빙충맞은 나방이
한 마리가 날아왔습니다. 적빈한 허공의 삶에 종지부를 찍듯
결연한 곡예를 펼치던 한 늙은 특공대원이 때마침 엇각으로
방향을 틀어 곤두박질치고 말았다는 전언을 가지고 왔습니다.
잃어버린 방향감각을 되찾으려는 필사의 몸짓으로 파르르 떨리는
작은 날개에서 소진한 生의 가루가 묻어났습니다.
최후의 안착을 위한 방황 끝에 이제 한 점 종벌레로 새로이
태어나고픈 욕망이 납작 엎드려 착상된 접힌 날개 밑에서
한 무리의 불개미떼같이 오글거리고 있습니다. 다시 한 번
훅- 꺼뜨렸다가 축축한 불쏘시개를 모아 지필 수 있다면
그동안 활활 타지 못하고 동강나버린 죄를 용서받을 수 있을까요.

고춧가루 씻은 눈물 한 방울, 발등으로 툭 떨어지는…….

내 사랑은 · 1

영안실 입구 같은 회색 지하식당 계단 내려갈 때마다
관절 꺾이는 소리 툭툭, 누구 것인지도 모를 살점의 반찬들
껌처럼 질겅 씹으면 삼천오백 원짜리 구내식권에 묻어나는
고춧가루 씻은 눈물 한 방울, 발등으로 툭 떨어지는…….

넉넉한 오지랖 가릴 줄도 모르고 파삭거리는, 흔들거리는…….

내 사랑은 · 2

나를 버리지 마세요, 비굴한 눈빛에 찔려 치사랑의 연민 덜컥 덜어주고 달아나는 창백한 손, 동전 바구니 위로 맴도는 가랑잎의 뺑 뚫린 바람구멍, 그 속으로 넘나드는 시월 오후의 햇살만큼만 넉넉한 오지랖 가릴 줄도 모르고 파삭거리는, 흔들거리는…….

눈망울 속에 갇혀서 빈 술잔 가득

그리움을 철철 따라놓고 마시라 한다

흰 소

그가 온몸에 붕대를 감고 있다
혼은 아직 달아나지도 못하고
눈망울 속에 갇혀서 빈 술잔 가득
그리움을 철철 따라놓고 마시라 한다
눈물은 살 속을 흐르고 흘러 맑은 냇가
거기서 그의 아이들이 가재를 잡는다
그가 붕대 감긴 손으로 아이들 잠지에
꽃잎이랑 물고기를 붙인다
멍에 대신 명예를 온몸에 뒤집어쓰고
흰 소가 누워 있다, 상처 없는 몸이 있으랴
파르슴한 혈관을 타고 운명은 늘 먼 데로
역류하려다 관자놀이께로 툭
거기서 막 깨치고 나온 알이 뜨끈하다
볼에 대고 부벼도 보고
시린 발뒤꿈치를 문질러도 본다
등허리엔 아직도 서릿발 무늬의 격자창 하나
예전에 누웠던 다락방에선 별이 보인다.

탈(脫)무드

무드 잡지 말란 말야

머리가 다 빠지면 어떻게 하지?
노래도 부르지 마!
나 자꾸 하고 싶잖아
그럼 무서운 꿈 얘기 해줄까?
그래도 자꾸 흔들리잖아
넌 아마 두꺼운 책을 구워먹으면
그 병이 싹 나을 거야.

허공을 타고 오르다가 담벼락에 부딪친 초록 멍 자국

담쟁이덩굴

허공을 타고 오르다가
담벼락에 부딪친 초록 멍 자국

덜 여문 팔목을 비비꼬아
엉금엉금 기어가는 떼기러기
직립보행을 꿈꾸다가
퇴화된 날개가 가려워 가려워

허물어진 성벽에 눌러앉아
평생 떠받치는 레이스 커튼.

이미지, 이미지……

새들에게 돌이라 불러볼까
꽃들에겐 뱀이라고 할까
산은 강이라 부르고
강은 산이라 바꾸어 불러본다면.

돌부리에 채여도 가렵니다

나는 본시 이별을 위해 태어난 족속

신발 이야기

나는 이별을 위해서 태어난 족속
내 족보엔
내세울 것 거리낄 것 없어
떠나간 이름도 많지만
짚세기는 내 할아비
고무신은 내 아비 이름입니다
부끄럽지 않은 이름을 위해
날마다 길 떠날
행장을 꾸리고 있지만
내 이름 찾지 못해
빛바랜 몸뚱이에 먼지만 쌓입니다
가다가다 상처난 발
눈물 찍어 싸매줄 그 이름
만날 수 있다면
골목길 모퉁이를 돌다가
돌부리에 채여도 가렵니다
나는 본시 이별을 위해 태어난 족속.

꿀꿀한 날이면 드림랜드에 간다

바이킹 해적선을 타고 악-악- 소리 지르며

드림랜드

꿀꿀한 날이면 드림랜드에 간다
바이킹 해적선을 타고 악-악- 소리 지르며
북부서울의 꿈을 노략질하러 간다
처치 곤란한 울분 한 자루 메고 올라가
아찔한 하늘가에 방뇨를 하면
방방 뜨는 꿈의 동산이여

만선의 불빛처럼 붉게 속삭이던
정기적금의 밀어는 식어가고
미처 다 훔치지 못한 꿈
한 탕이면 끝내준다고
또 기다리고 있는 해적선 타러간다.

얘, 큰애야, 너도 가끔 생각나니?

금잔디 가족

막내는 늘 채송화 까만 씨눈
모눈종이에다 꿈의 궁전을 그린다
작은애는 아직도 민들레 홀씨
바람의 아들이다, 폭주족을 꿈꾸던
얘, 큰애야, 너도 가끔 생각나니?
잔디밭에 온가족 둘러앉아
소풍하던 그 봄날의 전생을
또 오월이 왔구나
네가 누웠는 잔디에 아버지도 누워보신다
너를 보듬은 양 한참을 엎디어……

얘야, 아버지 이제 내려가신다
또 오마, 내일 모레
아마 내년, 그리고 다음 생 이런 봄날에
우리 또 다시 만나겠지.

술병 난 이태백과도 뜨거운 사이였다고

저 여자, 저 여자 분

젖가슴을 내놓은 채
속치마를 찢고 있는 저 여자
키득거리는 노래는
아직 불러지지 않은 미완의 멜로디
귀먹은 베토벤과 동거했다가
술병 난 이태백과도 뜨거운 사이였다고
산발한 머리카락 쓸며 웃어젖힐 때
더러 목덜미 붉히는 사내도 있지만
창가에 걸린 긴 속눈썹은
까딱도 하지 않아
눈맞춤 한 번 할 수 없는

저 여자, 저 여자 분.

훅, 불면 날아가 버리는

가벼운 존재의 버거움

개미

내 가운뎃손가락 끝에서 불불거리는
개미 한 마리
내 낮과 밤을 한 바퀴씩 돌려주는
그 보이지 않는 손끝에서 튕겨져 나온 살점 하나
사방천지 뻥 뚫려 어디 하나
숨을 데도 없는 빈 가지 끝에서
버둥거리는 빌빌거리는 생의 한 토막
훅, 불면 날아가 버리는
가벼운 존재의 버거움
저 벼랑 아래 낙토를 향해서
너는 코끝을 벌름거리지만
가늘한 허리의 관능이 먼저 꿈틀거려
아직 들춰지지 않는 생의 비밀 한 자락
이렇게 두근거리는
목숨 하나
다시금 돌려보내야 하는 내 손가락 끝이 떨려
떨~려~ 꼭 놓쳐버릴 것 같아
아슬아슬 건너가는 난간의 다리에
매달린 낮과 밤의
손가락 끝에서 손가락 끝으로
주고받는 연실 한 올.

그 옛날 예쁜 붕어가 되어

아버지 연못 속으로 돌아가도 좋으련만

아버지와 붕어빵

붕어빵 속에는
붕어가 살지 않지만
아버지는 아직도 가슴 한 켠에
작은 붕어새끼들을 가두고 계신다
빈 봉지 속에서 덜그럭거리는
꼬리와 비늘 지느러미들
그 붕어들은 다 어디로 갔을까
이제는 단 하루만이라도
그 옛날 예쁜 붕어가 되어
아버지 연못 속으로 돌아가도 좋으련만
붕어빵 속에도 살지 않는 붕어가
목에 걸린다
붕어가시 따끔따끔
자꾸만 내 가슴을 찌른다.

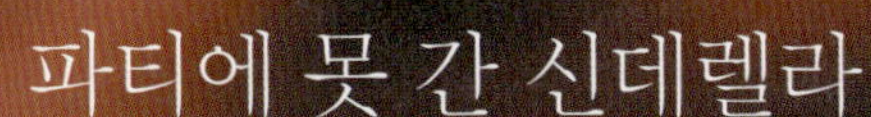

파티에 못 간 신데렐라

언니들은 모두 케이프타운으로 떠나버렸어요
나는 물소가죽 지갑을 조금만 열고 들어가
심야영화를 보면서 아주 조금만 울었어요
엄마는 계속 통화중, 아마 나 같은 딸 하나를
더 낳고 싶어서 다른 남자와 통정을 하고 있겠죠
마음 같은 건 긁지 않아요, 대신 카드를 긁죠
언니들이 돌아오면 나는 차곡차곡 접혀서
엄마의 핸드백 속으로 곧 입덧을 하러 가야해요.

제 가시에 제가 찔리는 법도 있으니까

선인장

가학도 사랑이었다고
늙은 고슴도치에게서 상대를 찌르던
통렬한 사랑의 추억을 듣는다
그의 엄지발가락 끝에서
눈물보다 푸른 짓물이 흐른다

제 가시에 제가 찔리는 법도 있으니까.

소화전송수구

불경을 읽다

'그것을 차라리 뱀의 아가리에 처넣어라'
칠십팔십구십까지 껄떡거리는 것들
그것 때문이었구나, 오- 버림받은 것들
시를 쓸까, 소설을 쓸까
오십육십칠십까지 땡기고 있을 저주스런 것들
무엇을 뱀의 거기에다 집어넣어야 하나.

새끼손가락 끝에 박힌 기억의 문신들을 지우고 싶어

누드 마네킹 · 1

담배연기보다 가벼운 결별의 인사를 나눈 후
새끼손가락 끝에 박힌 기억의 문신들을 지우고 싶어
벌써 전기코드를 뺀 미지근한 네 가슴을 열고
내 고양이 털 덜 깎은 속눈썹으로 간지럼을 태우면
까르륵 에메랄드 빛 웃음을 풍기며 달려오는
저 예의바른, 너무 헤엄치는 누드 마네킹.

난, 다 토했잖아

다음 생에도 계속 토할 거야

누드 마네킹 · 2

넌, 왜 맨날 똑같은 옷만 입니?
얼룩무늬가 나를 쫓아오고 있어
차라리 쇼를 하지 그러니?
벌써 다 마셔봤는 걸
에잇, 좀 더 빨리 입으면 안 되겠니?

난, 다 토했잖아
다음 생에도 계속 토할 거야.

11월

들어오지 마세요
카키색 스웨터는 너무 낡았거든요
맨살의 가슴을 더듬어
사는 일이 너무 지겹지 않다고
비상벨을 눌러대는
당신을 제가 어떻게 알겠어요

아직 들어오지 마세요.

쫓아오는 저 필사의 생을

누가 좀, 말려주세요

엔딩 크레딧

누가 나를 좀, 말려주세요
제발 내 손을 잡아주세요

바퀴벌레와의 싸움마저도 치열했던
나는, 이제 그렇게 살지는 않으렵니다

쫓아오는 저 필사의 생을
누가 좀, 말려주세요

다리를 걸어 확, 넘어뜨려주세요.

내 다 훤하지, 훤하고 말고.

벽돌의 말씀

방이 되고 부엌이 되기까지
벽돌 한 장이 겨울날 얼었다가 풀렸다가
가슴의 핏줄 동백나무 붉은 꽃물보다
더 두근대던 맥박소리 듣고 말고
여름날 질통 지고 오르던 굵은 다리통들
헉헉숨 토해내고 삼키던
보리차 한 컵의 그 미지근한 의욕 같은 거
내 다 알지, 알고 말고
24시 편의점 개업식 날
구멍가게 담벼락 뚫고나온 철근가닥
내 다 봤지, 봤구 말구
건너편 숯불구이 집 유리문보다 훤하게
석쇠 밑의 불탄보다 더 벌겋게
엇그제 일같이 내 다 외고 말고
모래밭에 삽날 꽂듯이 척하니 들어앉은
오피스텔 골조, 비를 긋는 차양 아래
벽돌 한 장씩 깔고 앉아 노닥대는
집이 되고 빌딩이 되기까지의 추억들
커튼 뒤에 액자 뒤에 눌러 붙은
벽돌 한 장씩의 풍경들
내 다 훤하지, 훤하고 말고.

저 문틈으로 흘러나오는 불빛 한 올에

다 떨어진 생애를 꾸덕꾸덕 말려 입을까

낙타

널겅대는 등자뼈 사이로
빈 바람 소리 적멸을 불러온다
아들의 방으로 통하던 쪽문
저 문틈으로 흘러나오는 불빛 한 올에
다 떨어진 생애를 꾸덕꾸덕 말려 입을까

꾸부정한 낙타 허리춤으로
꼬깃꼬깃 지전이 들어간다
딸랑딸랑 백동전이 들어간다, 살아 생전
만져볼 수 없었던 두툼한 적선들이
느슨한 고삣줄을 타고 흘러나온다

삭아내린 쌍봉의 산등성이 위로
고수레- 고수레-
모래바람 한 줌씩 흩뿌리며 지나간다.

할 말이 있는 듯 없는 듯

허물 벗은 옷가지

실험 쥐

마취도 없이
생살을 도려낸다네
고문도 없이 오장육부를
멀쩡한 사지를 끊어낸다네
비명도 발악도 없이
산 채로 통 채로 바쳐
껌뻑거리는 눈알만이
할 말이 있는 듯 없는 듯
허물 벗은 옷가지
바람이나 물어 가라지
햇볕이나 쪼아 먹으라지
병명도 없이 제목도 없이
고스란히 육탈되는…….

땅 가진 자 땅 위에다 쓰고

땅 없는 자 하늘 위에다 쓰면 안 되겠니

그분이 강림하사

자다가 벌떡 일어나보니
내 손 안에 연필 한 자루도 벌떡 일어난다
도끼날처럼 삼백예순날 시퍼렇게 벼려놨더니
이 시각에 그 고결한 양피지는 어디로 갔나
그분이 참 기뻐하시겠지
이 찬란황당한 시츄에이션을
땅 가진 자 땅 위에다 쓰고
땅 없는 자 하늘 위에다 쓰면 안 되겠니.

묵은 봉분처럼 나란히 누워

두런두런, 그렇게 살고도 싶었을 테지

황 Jiny

저기 저 골목길 돌아서는 노을빛
실크스커트보다 붉었던 한 생애가 진다

폴폴 젖 삭은 내를 풍기며
딴 사내에게 추파를 던지고도 싶었을까

묵은 봉분처럼 나란히 누워
두런두런, 그렇게 살고도 싶었을 테지.

지독한 키스
천 개의 달이 옥수수 밭에 내려와
천 개의 옥수수 알을 깨물고 달아났다네.

삐걱대는 내 가슴의 덧문을 손보기 위해

단 하루의 휴가라도 얻고 싶었다

환절기

계절이 바뀌는 것은
한때의 생장을 분질러
세월을 저축하라는 뜻일까
누렇게 뜬 풀잎들이
잔기침을 삭히고 있다

단풍이란 단풍나무 뿌리까지 다 적시고
흐르고 흐르다가
끝내는 계절을 타는 내 빈혈의
혈관까지 수로를 뚫었다

계절이 바뀔 때마다
삐걱대는 내 가슴의 덧문을 손보기 위해
한 사흘, 아니
단 하루의 휴가라도 얻고 싶었다.

LOST DOG
German Shepard
answers to the name
"Duke"
call Don at 735-6518

아침에 쓰는 시

간밤에 꾸다가 만 꿈을 마저 꾼다
꼬물락거리는 발가락 사이로
어제 신었던 그물 스타킹이 삐져나온다
누군들 제 허물을 벗고 나비처럼
날아오르고 싶지 않을까
아마, 필름이 끊겼을 게다
마지막 전철이 조금 일찍 끊긴 것뿐이라고
누군가 내 어깨 위에
서늘한 위로의 손을 얹어주었다
어젯밤이 아직 내 식탁 위에서
잘 익은 토스트와 함께 부풀고 있다
암전된 세상은 어머니 자궁처럼 따뜻하다.

우리 거기 시계탑 앞에서 만나요

천 년 후의 데이트

봄에도 꽃이 진다 난분분 난분분
화계천 물살 위로 휘날리는 삼천궁녀
사일구 묘비명에 속잎이 피거든
우리 거기 시계탑 앞에서 만나요
천 년 후의 데이트를 약속했던 그녀들의
라일락 코트가 펄럭펄럭 날아오른다.

얼어붙은 기다림들이

지루한 경전처럼 푸석거린다

여름 폭설

길 잃은 신들이 우연인 듯
찾아오는 여름 폭설은
시작도 끝도 모호한 열정뿐인
포르노보다 더 숨이 가빠
폭삭 주저앉은 첨탑의 지붕 위로
얼어붙은 기다림들이
지루한 경전처럼 푸석거린다.

아무것도 없는 게 보이니

아무것도 들리지 않는 게 들리니?

옴

옴
귀먹은 어머니를 불렀다
옴
거기서는 들숨에 애를 배고
날숨에 애를 낳는다, 얘야
옴
아무것도 없는 게 보이니
아무것도 들리지 않는 게 들리니?
옴
무화과의 첫 열매가 후두둑 떨어지는
찰나에 깜빡, 정전이 되었다
옴
내가 어머니를 안고 있다.

김치~ 치즈~ 웃어보세요

위스키~ 좀 웃어보시라니깐요

가족사진

김치~ 치즈~ 웃어보세요
위스키~ 좀 웃어보시라니깐요

얘야 아범아, 물 한 잔만 다오
입이 왜 이렇게 마르니?

할아버지가 자꾸 부르시면
아버진, 눈가에 주름 좀 잘 닦으세요.

제 몸 구석구석 벌초를 한다

벌초

종이컵 소주를 끼얹으며
침을 뱉는다,
조상은 욕되고
나는 막된 놈이다
거품을 물고 거품을 씹어보았자
독초처럼 살아온 날들이
제초기 칼날로는 결코 베이지 않는다
반역자의 자식인들
이보다 더 부끄러울까
남은 소주병 나팔을 불며
머리카락 쥐어뜯긴 봉분 아래
옷 벗고 꿇어앉아
면도를 한다
제 몸 구석구석 벌초를 한다.

피우다 버린 엽초의 재떨이, 재떨이들

불 꺼진 창

파란색 조명은 그대와의 밤을
빨간색 조명도 그대와의 밤을
지세우고 싶었지, 허나 대낮에도 어둠침침한
방구석, 오색등을 밝혀도 영영 오지 않는
기쁨의 아가리, 소망의 비상구
패자들의 오럴 분화구
달빛 흡혈귀들의 블랙홀
피우다 버린 엽초의 재떨이, 재떨이들.

그대들이 사랑하는 선동적인 부드러움에 나는 내 피와 살을 보탰느니라

토마토

그대들, 풋과일의 비릿함을 기다릴 수 없는 성급함이 재앙을 불렀으니
곧 초원의 바람이 눈석임물처럼 녹아든 물큰한 생의 고액을 음미하리라
그대들이 사랑하는 선동적인 부드러움에 나는 내 피와 살을 보탰느니라
과일이 아니라고 입 밖에 내지 말라, 온전한 것은 결코 구할 수 없나니
보라, 쾌감을 빼앗긴 원한으로 실의에 찬 나날을 사는 태양의 살점들을
노릿한 땀내는 혐오가 아님을 깨달을지라도 과식하거나 자만하지는 말라
나는 너무 일찍 꽃 피거나 너무 늦게 열매 맺지도 않는다, 나의 본성은
익는 대로 익어 갈 뿐 달거나 달지도 않고 향기롭거나 향기롭지도 않다
나는 내 속에 들어있는 핵의 경질을 믿는다, 나의 참 자아는 영원하다.

지금 나는 몽유계곡에서 놀고 있다.

낮잠

잃어버린 슬리퍼 한 짝이
오후의 수면 위로 떠내려 온다
내 것이었나, 그런 것쯤 상관없다
나는 지금 내 어항 속에서 놀고 있을 뿐
누가 나를 꺼내 주지도 않는다
늘 이렇게 익어가고 있어도
늘 저렇게 떠내려가고 있어도 좋겠다
아는 이 하나 없어도
이제 나 아무렇지도 않아

지금 나는 몽유계곡에서 놀고 있다.

두툼한 악수가 그리운 날엔 그 숲 속에 가고 싶다

숲

편지가 쓰고 싶은 날엔
그 숲에 가고 싶다, 가쁜 숨 몰아쉬며
무거운 몸 막 흘러내리려 할 때
휘어진 가지 하나 내주며
내 손 잡으소, 내 손 잡으소
찐득한 손바닥을 문질러
그의 반질한 허리께를 짚으면
요부처럼 간드러지는
그런 나무 하나쯤 만나고 싶다
엿새간의 노동과 하루의 휴식 사이
근육통의 옆구리 걸릴 때면
거기 늘 손 내밀어주는 나뭇가지
두툼한 악수가 그리운 날엔
그 숲 속에 가고 싶다.

나를 다시 한 번만 더 낳아주시면 안될까요?

생일

어머니,
오늘 아침에
나를 다시 한 번만 더
낳아주시면 안될까요?

무너진 포구에서 편지를 쓰다가 찢었다

찢긴 그물을 깁다가 웃기도 했다

등대 박물관

뿌연 등피 손가락으로 쓱쓱 문지르면
뭉글게 피어오르는 만선의 불빛
열려라 멸치?
아니 오징어, 꽁치였던가
잃어버린 암호처럼 다시는 깜빡일 줄 몰라도
누항의 지등보다 붉은 설렘 하나씩 달고
출렁이던 밤바다
어둑한 뱃길 더듬어 점등을 하다보면
영일만 앞바다에 퍼질러져 걸짜로 놀고 가던
뱃놈의 신세도 점쳐주었노라고
이빨 빠진 등잔들의 옛 얘기만 구시렁구시렁
벼랑길 타고 오르던 해무의 갈퀴발들도
묵은 남새밭 고랑 사이로 잦아든 지 오래다
번뜩번뜩 도깨비불이 되고 싶었던
바람난 사내들, 시퍼런 바다가 환장하게 좋았다
무너진 포구에서 편지를 쓰다가 찢었다
찢긴 그물을 깁다가 웃기도 했다
안개 낀 날 앵앵 울어대던 등대는
머리 풀고 올라가는 제철소 굴뚝 연기에 대고
막 헛손질이다
먼저 떠나버린 망구들 생각이 나는가.

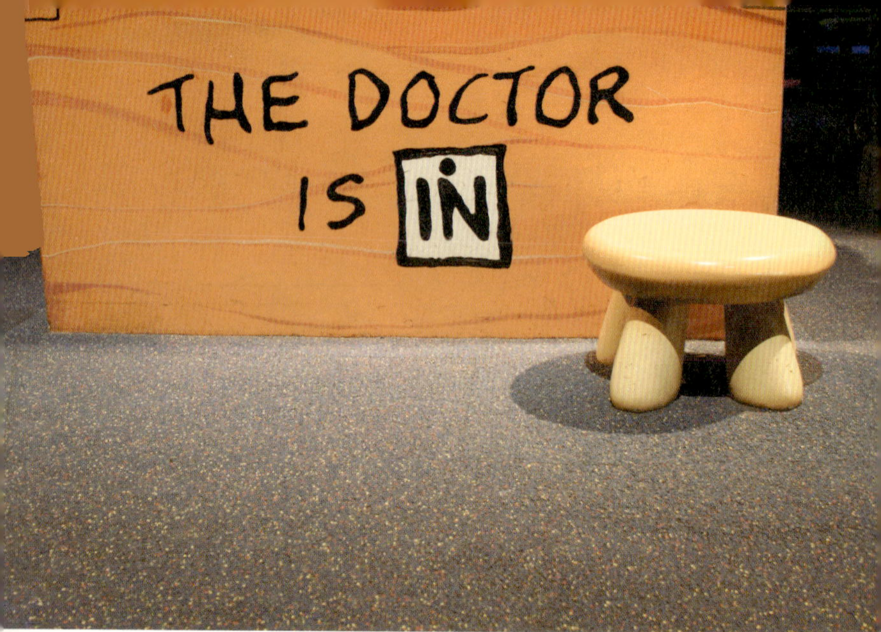

꼿꼿한 허리로 받쳐온

천근만근의 생애

의자

의자 하나 때문에
무릎 꿇고 기다려온 세월
헌털뱅이 걸상 하나만 있어도
삐그덕 삐그덕 파열음들이
빚어내는 휴식의 시간
일어섰다 앉았다
뻐근한 관절 틈새로
풀꽃 하나 피었던 것을
꼿꼿한 허리로 받쳐온
천근만근의 생애
넘어진 그의 한쪽 다리에
붕대가 감겨 있었다.

VINE
T.
OOD BLVD.

입영전야

네게 저녁밥 한 끼
먹이는 것이 왜 이렇게 어려울까
손 한 번 꼭 잡아주는 것도
내겐 너무 어려워
내가 말해 줄 수 있는 건
네 귓가를 스쳐가는 바람의 속삭임
너를 보내는 것은
그렇게 슬프지도 않은 영화 속
이별의 한 컷을 찍는 것
내겐 너무나 어려워.

잊었던 시간보다 잊어야 할 시간이 훨씬 더 길었던

패랭이꽃 편지

오늘은 정류장에 나가
오지 않는 당신을 기다렸다오
내일은 장터로 나가서
사람들 사이에 섞여 앉아
오래 전 당신의 편지들을 읽으리다
잊었던 시간보다 잊어야 할 시간이
훨씬 더 길었던
우리들의 뼈아픈 전설을
누가 들어나 줄 런지, 모르겠소.

너는 시들어도 영원한 장미일 뿐

드라이 플라워

너는 시들어도
영원한 장미일 뿐
꽃모가지 아무렇게나
툭툭 분질러버리지 않겠다
여왕처럼 찬란했던
정오의 영광을
마른 봉투에 담아서
그대 앞에 다시 바친다.

내 가슴 속의 아주 작은 별은 아무 때나 자주 웃는다

작은 별

내 가슴 속의 아주 작은 새는 아무 때나 자주 울고
내 가슴 속의 아주 작은 별은 아무 때나 자주 웃는다.

못 생겼다고 K군이 자꾸 놀려서 엄마에게 피노키오 저금통을
갖다 바치면서 쌍꺼풀 수술 시켜달라고, 차라리 죽어버리겠다고
들이댔다가 열라 맞고. 개새끼, 개새끼…… K, C, G, K, s, m
너는 악마다, 내 인생 망칠 일 있니?
엄마에게 아빠는 웬수지만, 나에게 너는 사탄보다 더 나쁘다.

나는 내일 아침
내 가슴 속의 아주 작은 새와 아주 작은 별을 꺼내서
도시락 가방에 넣고 호수공원으로 간다.

·

·

·

거기선 가끔 영화 찍는 오빠들을 만날 수 있다. 케, 케, 케……

멧종달새처럼 이제는

11월 숲속을 헤매며 살으렵니다

파티는 끝나고

내 생애 시집 한 권
네에, 이것이면 족하답니다

난만한 향유의 젖꼭지도
풍어제를 지내던 해안가 제단의
자궁도 다 말라버렸답니다
지나온 삶이
레이스 달린 공주의 취향은 아니었지만
그렇다고 늘 우중충한
벨벳 커튼을 달고 살지는 않았지요
기러기처럼 줄지어 날지 않고
멧종달새처럼 이제는
11월 숲속을 헤매며 살으렵니다
빙판을 달리던 그 팽팽했던
아킬레스건, 이젠 튜닝을 하지 않아도
시속 오륙십은 거뜬하거든요

내 생애 시집 한 권
네에, 이것이면 족하답니다.

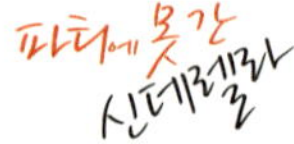

2007년 12월 12일 1판 1쇄 인쇄
2007년 12월 17일 1판 1쇄 펴냄

펴낸이 구모니카
지은이 황영경
찍은이 양혜리

편 집 서수은
영 업 남성진

디자인 Design I' m
인 쇄 한국소문사
제 본 문원문화사

펴낸곳 M&K
등 록 2005년 1월 13일 제7-292호
주 소 서울시 마포구 서교동 328-25
전 화 02-323-4610
팩 스 02-323-4601
e-mail hg81s@naver.com
2030여자 클럽 2030womenselfhelp.cyworld.com
M&K 싸이월드 타운 http://town.cyworld.com/mnk

ISBN 978-89-92947-01-5 03810

값 7,000원

이 도서의 국립중앙도서관 출판시도서목록(CIP)은 e-CIP 홈페이지(http://www.nl.go.kr/cip.php)에서 이용하실 수 있습니다.(CIP제어번호: CIP2007003878)